Los planetas

William B. Rice

Asesora

JoBea Holt, Ph.D.
The Climate Project
Nashville, Tennessee

Créditos

Dona Herweck Rice, *Gerente de redacción*; Lee Aucoin, *Directora creativa*; Don Tran, *Gerente de diseño y producción;* Timothy J. Bradley, *Gerente de ilustraciones*; Conni Medina, M.A.Ed., *Directora editorial*; Katie Das, *Editora asociada*; Neri Garcia, *Diseñador principal*; Stephanie Reid, *Editora fotográfica*; Rachelle Cracchiolo, M.S.Ed., *Editora comercial*

Créditos fotográficos

portada L. Cook/Photo Researchers, Inc.; p.1 L. Cook/Photo Researchers, Inc.; p.5 Jurgen Ziewe/ Shutterstock; p.6 Sebastian Kaulitzki/Shutterstock; p.7 NASA; p.8 magaliB/iStockphoto; p.10-11 Stephanie Reid; p.12-13 Andrea Danti/Shutterstock; p.14 Craig Wactor/Shutterstock; p.15 bicubic/Shutterstock; p.16 NASA; p.17 NASA; p.18 Jaan-Martin Juusmann/Shutterstock; p.19 (arriba) Jordan James Munyon Martin/Shutterstock, (abajo) NASA; p.20 (arriba) Plutonius 3d/Shutterstock, (abajo) NASA; p.21 (arriba) peresanz/Shutterstock, (abajo) July Flower/ Shutterstock; p.22 (izquierda) Stephen Girimont/Shutterstock, (derecha) NASA; p.23 (izquierda) NASA, (derecha) Sabino Parente/Shutterstock; p.24 (arriba) NASA, (abajo) bluecrayola/ Shutterstock; p.25 (arriba) NASA, (abajo) Michael Taylor/Shutterstock; p.26 Dagadu/ Dreamstime; p.27 Alex Staroseltsev/ Shutterstock; p.28 Rocket400 Studio/Shutterstock; p.29 Karen Lowe; p.32 McMullan Co./ Newscom

Teacher Created Materials
5301 Oceanus Drive
Huntington Beach, CA 92649-1030
http://www.tcmpub.com

ISBN 978-1-4333-2595-3

Printed in Malaysia.
Thumbprints.42806

Tabla de contenido

El sistema solar

El espacio es un lugar grande. ¡Tiene **billones** de estrellas y planetas! Nuestro sol es sólo una de esas estrellas. Ocho planetas se mueven alrededor del sol.

Los planetas orbitan alrededor del sol. Orbitar significa girar alrededor de algo.

El sol y sus planetas reciben el nombre de **sistema solar**.

Nosotros vivimos en uno de los planetas. Nuestro planeta es la Tierra. La Tierra es el tercer planeta más cercano al sol.

La Tierra

Mercurio es el primer planeta. Está cerca del sol. Neptuno es el octavo planeta. Está muy lejano.

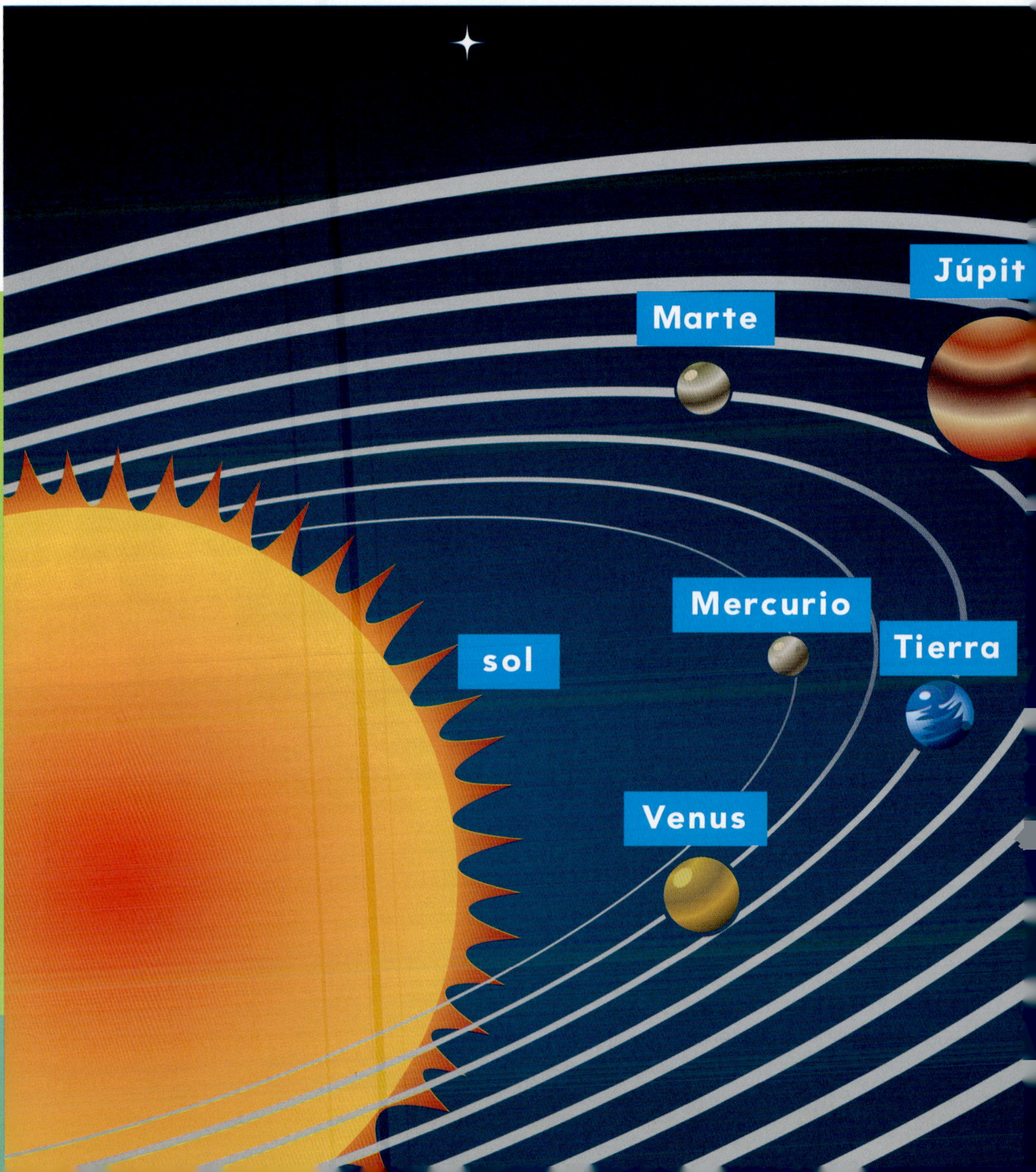

Un año largo

¡Neptuno está tan lejos que tarda 165 años terrestres para dar una sola vuelta al sol!

Cada planeta se mueve en su propia órbita o trayectoria.

Todos los planetas se mueven de la misma manera alrededor del sol. Se mueven en el sentido de las agujas del reloj. Además, cada planeta gira sobre sí mismo cuando se mueve.

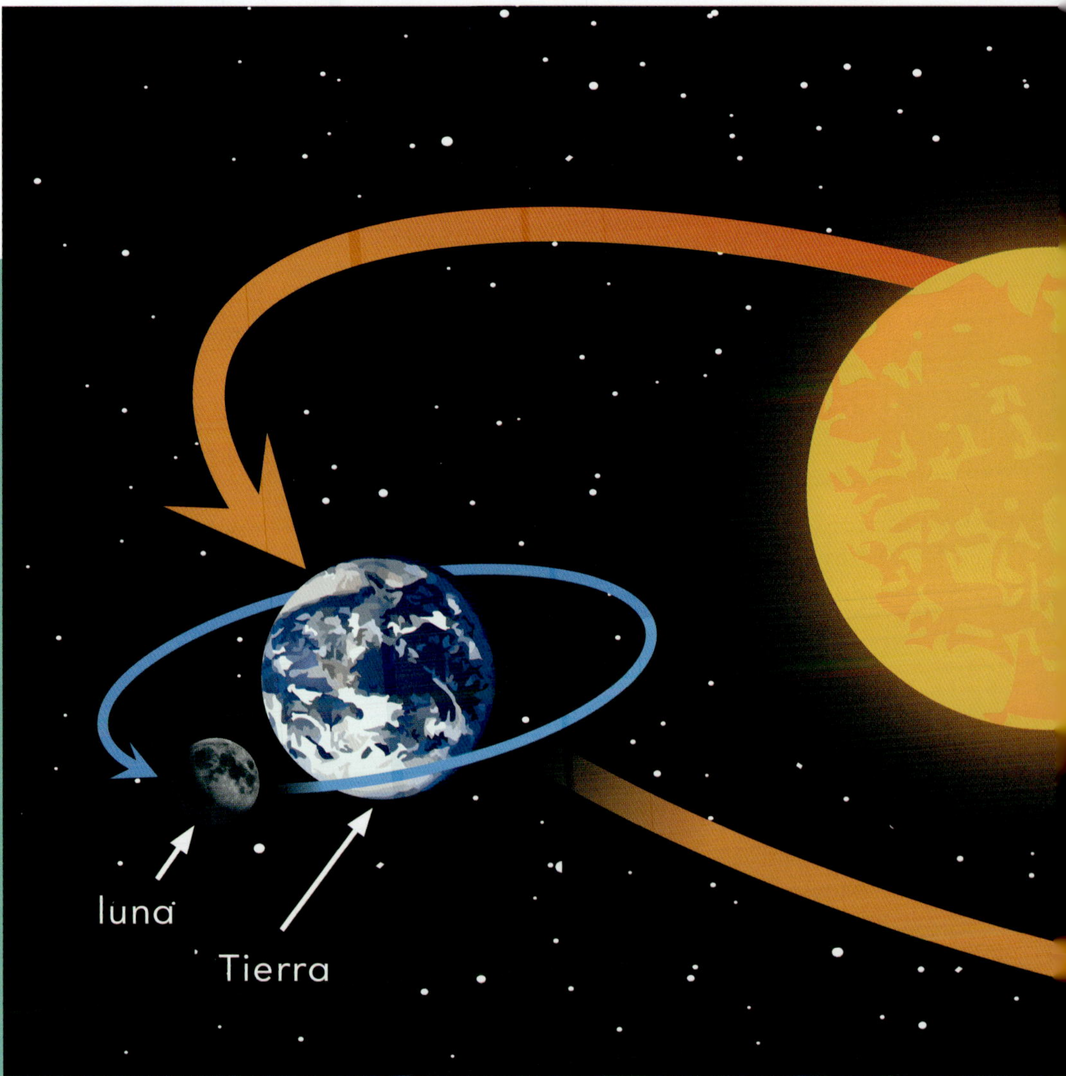

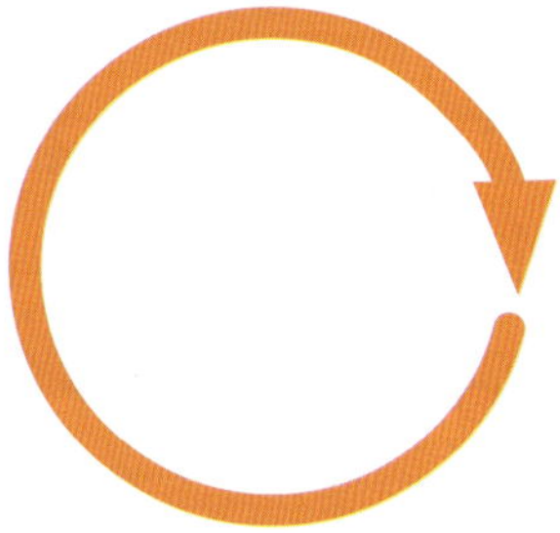

En el sentido de las agujas del reloj.

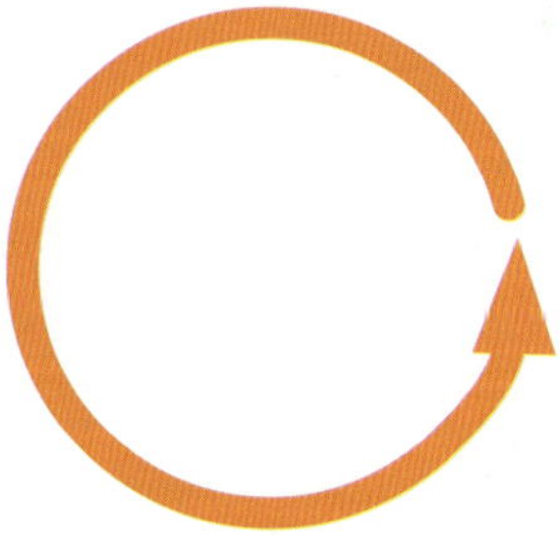

En sentido contrario a las agujas del reloj.

Los planetas

Cada planeta tiene su propio tamaño. Mercurio es pequeño. En la Tierra, cabrían dos Mercurios y medio. Júpiter es grande. ¡En Júpiter cabrían unas 1,300 Tierras!

Mercurio está a unas 36 millones de millas del sol. La Tierra está a unas 93 millones de millas del sol.

¡El sol es enorme! Es más grande que todos los planetas. Imagina que el sistema solar equivale a 100 centavos. Entonces, el sol equivaldría a 98 centavos. ¡Todo lo demás en el sistema solar equivaldría tan sólo a los 2 centavos restantes!

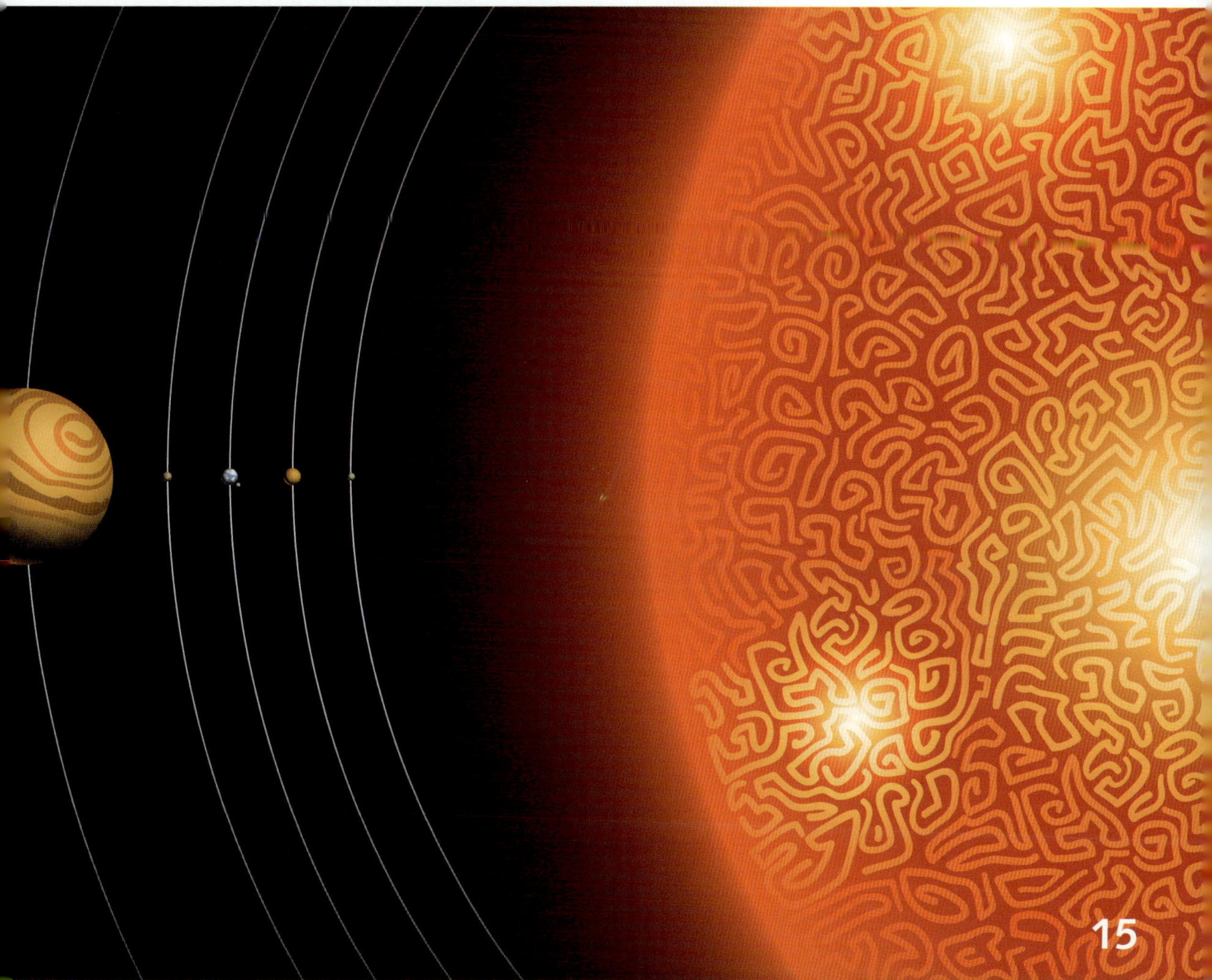

Cada planeta tiene su propia composición. Algunos planetas son duros y rocosos. Están compuestos por rocas y **metal**.

Mercurio, Venus, la Tierra y Marte son planetas rocosos.

la superficie de Marte

Marte

Algunos planetas están compuestos principalmente por **gas**. Son como nubes de lluvia grandes y densas.

Júpiter

Júpiter, Saturno, Urano y Neptuno son planetas de gas.

Neptuno

Saturno

Mercurio se parece a la luna de la Tierra. Tiene grandes agujeros llamados **cráteres**. Venus tiene casi el mismo tamaño que la Tierra. Venus es fácil de divisar en el cielo nocturno.

Mercurio

algunos cráteres de Mercurio

¡Qué caluroso!

Mercurio está cerca del sol. ¡Es tan caluroso allí que el calor podría derretir metal!

Venus
La luna
de la
Tierra

Venus

La Tierra es nuestro planeta. Es el mejor planeta para vivir. A Marte se llama el planeta rojo. Eso se debe a que el suelo de Marte es rojo. Júpiter es el planeta más grande. ¡Además gira muy rápido!

Júpiter

Saturno tiene muchos anillos a su alrededor. Los anillos están compuestos de rocas y hielo. ¡El invierno en Urano dura 21 años! El verano también dura 21 años. Neptuno tiene muchos vientos fuertes. ¡Algunas tormentas de Neptuno son tan grandes como la propia Tierra!

Una mirada cercana a los anillos de Saturno

Saturno

Neptuno
tormenta

Urano

¡Estamos aquí!

El sistema solar es un lugar grande. La Tierra es apenas una pequeña parte del sistema solar. ¡Pero es una parte importante! El sistema solar no sería el mismo sin ella.

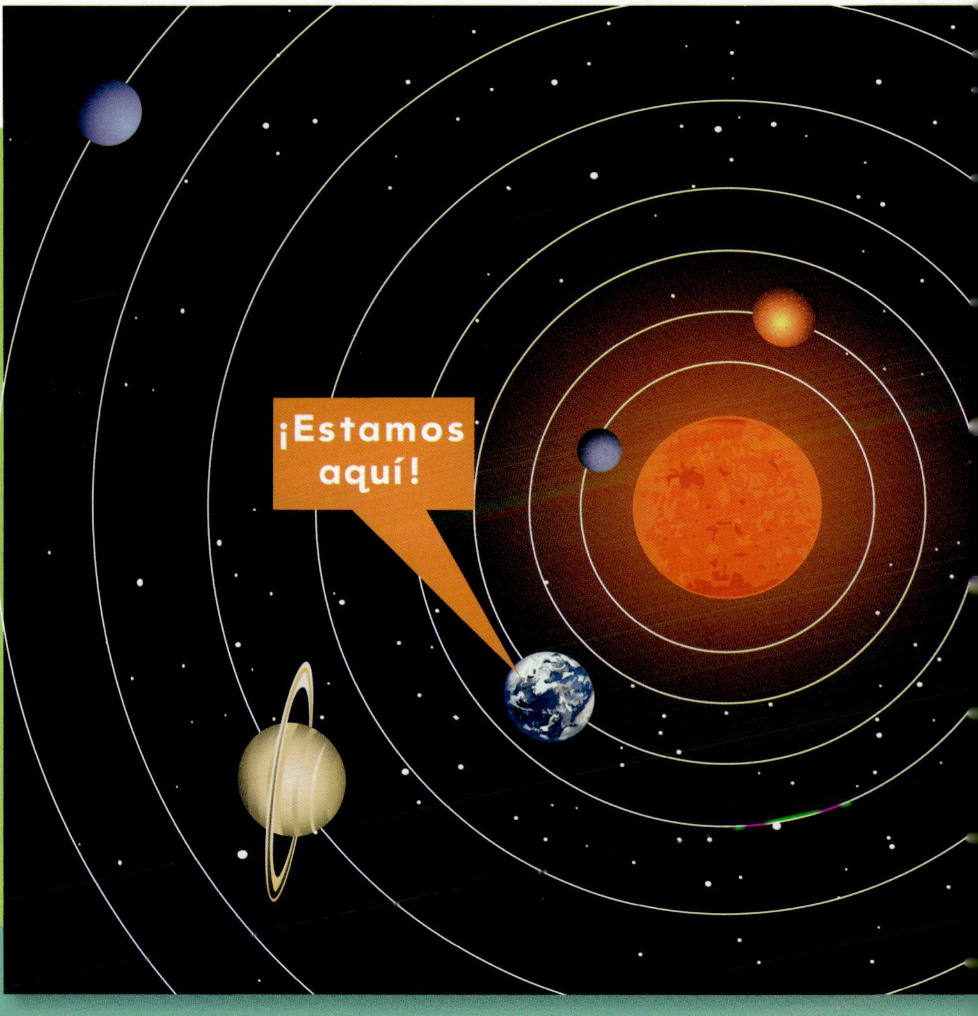

Laboratorio de ciencias: El día y la noche

Haz esta actividad para aprender sobre el día y la noche.

Materiales:

- esfera de espuma de polietileno
- tachuela
- palillo o lápiz
- linterna

Procedimiento:

1. Coloca la esfera en un extremo del palillo o el lápiz. La esfera es un planeta.
2. Clava la tachuela en alguna parte de la esfera. La tachuela eres tú en el planeta.
3. Sostén el palillo o el lápiz con la mano izquierda.
4. Enciende la linterna. Sostenla con la mano derecha. La linterna es el sol.

5. Apunta la linterna (el sol) hacia la esfera (el planeta).

6. Gira el palillo o el lápiz lentamente. Esto hará girar el planeta.

7. Observa el planeta. Es de día en la parte iluminada. Es de noche en la parte oscura. Si eres la tachuela, ¿es de día o de noche para ti?

8. Mundo real: ¿Ahora es de día o de noche para ti en el mundo real? ¿Dónde está el sol en comparación con donde estás tú?

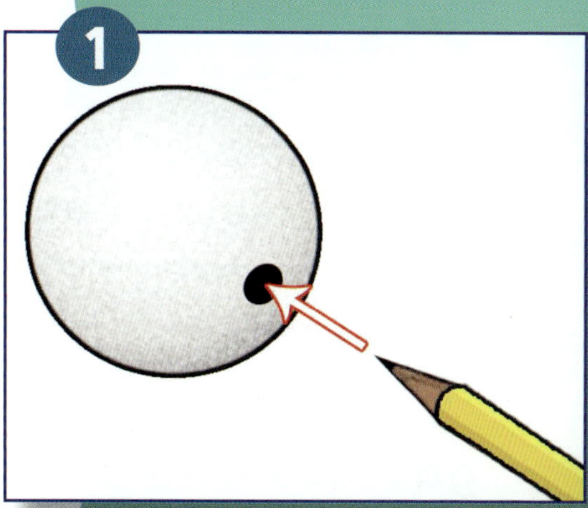

Glosario

billón—un millón de millones; 1,000,000,000,000

cráteres—grandes orificios o hendiduras

gas—estado de la materia que no es sólido ni líquido

metal—sustancia sólida como el oro, la plata y el cobre

orbitar—girar en círculos u óvalos alrededor de algo

planetario—edificio o sala donde se utilizan luces, proyectores y maquetas para mostrar cómo es el espacio

sistema solar—el sol y todo lo que gira a su alrededor

Índice

Un científico actual

Neil deGrasse Tyson es un científico que estudia el espacio. Es el director de un **planetario** importante. También habla sobre los planetas y el espacio en programas de televisión. Neil desea que todos aprendan algo sobre el espacio.